AF578986

LUCIEN DESCAVES

Tiers État

COMÉDIE EN UN ACTE

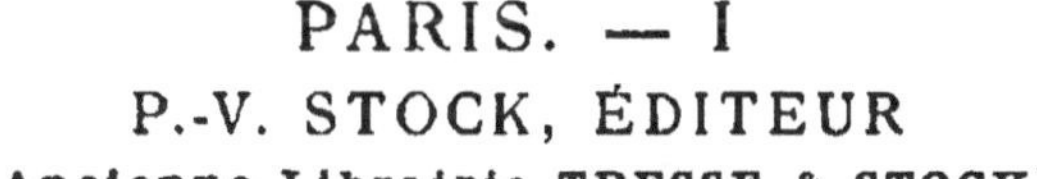

PARIS. — I
P.-V. STOCK, ÉDITEUR
(Ancienne Librairie TRESSE & STOCK)
27, RUE DE RICHELIEU, 27

1902

TIERS ÉTAT

Représentée pour la première fois au Théâtre-Antoine.
le 6 mai 1902.

De cette comédie il a été tiré à part dix exemplaires sur papier de Hollande.

DU MÊME AUTEUR

Le Calvaire d'Héloïse Pajadou, roman, 1 vol., *épuisé*.
Une vieille Rate, roman, 1 vol., nouvelle édition.
La Teigne, roman, 1 vol., *épuisé*.
Les Misères du Sabre, nouvelles, 1 volume.
Sous-Offs, roman, 1 volume.
Sous-Offs, Misères du Sabre et Procès de Sous-Offs, 1 vol., in-8° illustré, par Eugène Courbois.
Sous-Offs en Cour d'assises. Notes. Plaidoiries de MMes Tézenas et Millerand. Verdict. Bibliographie. 1 plaquette.
Les Emmurés, roman, 1 volume.
En Villégiature, nouvelles, 1 volume, *épuisé*.
Soupes, nouvelles, 1 volume.
La Colonne, roman, 1 volume.

THÉATRE

La Pelote, pièce en trois actes, en collaboration avec M. Paul Bonnetain.
Les Chapons, pièce en un acte, en collaboration avec M. Georges Darien.
La Cage, pièce en un acte.
La Clairière, pièce en cinq actes, en collaboration avec M. Maurice Donnay.

ÉMILE COLIN — IMPRIMERIE DE LAGNY

LUCIEN DESCAVES

Tiers État

COMÉDIE EN UN ACTE

PARIS — I
P.-V. STOCK, ÉDITEUR
(Ancienne Librairie TRESSE & STOCK)
27, RUE DE RICHELIEU, 27

1902

PERSONNAGES

GEORGES D'AMBROVILLE, 37 ans.	MM. Dumény.
M. BROCHARD. 50 ans . . .	Antoine.
JEANNINE. 30 ans	Mmes Rosa Bruck.
MADAME D'AMBROVILLE, 60 ans.	Délia.
JULIE.	Barsange.
COLETTE. 10 ans.	La petite Quinault.

Un salon élégant, à Paris.

TIERS ÉTAT

SCÈNE PREMIÈRE

BROCHARD, JULIE. Brochard, 50 ans, moustaches, cheveux en brosse plus grisonnants que la moustache, qui grisonne à peine. Rondeur, bonhomie, santé. Il porte un costume d'automobiliste, casquette et manteau.

BROCHARD, *passant devant Julie, qui lui a ouvert la porte du salon.*

Bonjour, Julie. Madame est là ?

JULIE

Oui, monsieur.

BROCHARD

Encore couchée ?

JULIE

Oh ! non, monsieur. Il y a longtemps, au contraire, que Madame est levée.

BROCHARD

Tant mieux.

JULIE

Elle finit même de s'habiller pour sortir.

BROCHARD

Tant pis ! Moi qui venais... Et Colette accompagne sa mère ?

JULIE

Monsieur n'y pense pas ! C'est le jour d'anglais de Mademoiselle ; l'institutrice vient à dix heures. Pour rien au monde, Madame ne ferait manquer une leçon à Mademoiselle.

BROCHARD

Parbleu ! J'avais oublié... Pas de chance !

JULIE

Pour l'ordre et l'exactitude, on peut dire qu'il n'y en a pas beaucoup comme Madame.

BROCHARD

C'est vrai.

JULIE

Elle pense à tout. Monsieur ne se doute certainement pas de ce que fait Madame en s'habillant.

BROCHARD

Que fait-elle ?

JULIE

Elle fait réciter ses leçons à Mademoiselle.

BROCHARD

Voilà ce qui s'appelle, en effet, ne pas perdre son temps.

JULIE

Ah ! avec une mère comme Madame... et un tuteur comme Monsieur, si Mademoiselle n'est pas bien élevée...

BROCHARD, *avec fierté.*

Elle est bien élevée... Pour ça !

JULIE

Mademoiselle est née sous une bonne étoile, comme on dit.

BROCHARD

L'important, Julie, n'est pas toujours de naître sous une bonne étoile, mais d'y être conduit dès la plus tendre enfance.

JULIE

Et encore !

BROCHARD

Hein ?

JULIE

Je dis que l'âge n'y ferait rien... si l'on était sûr de l'étoile.

BROCHARD, *riant.*

Voilà !

JULIE

Monsieur n'est pas obligé de répéter à Madame tout ce que je lui dis... J'ai peut-être tort de bavarder.

BROCHARD

Mais non. Est-ce que je ne suis pas un peu de la maison ?

JULIE

Oh ! si. Et puis, monsieur est assez bon, assez généreux, pour qu'on lui parle franchement.

BROCHARD

La franchise a son prix.

JULIE

Je crois bien ! Mais madame exige d'autant plus de discrétion de ses femmes de chambre, qu'elle n'a rien à cacher; alors si elle savait...

BROCHARD

Elle ne saura pas, Julie. Soyez tranquille.

JULIE

Je vais avertir Madame que Monsieur est là.

BROCHARD

Dites-lui que je ne fais qu'entrer et sortir.

JULIE

Oui, monsieur.

BROCHARD

Et que si je la dérange en ce moment, je repasserai dans la journée.

JULIE

Oui, monsieur. (*Elle sort.*)

SCÈNE II

BROCHARD, *puis* JEANNINE. Brochard après quelques pas dans le salon prend un journal sur la table, en fait sauter la bande et s'installe pour lire dans un fauteuil. Il n'entend pas entrer Jeannine, à laquelle il tourne le dos. Jeannine a 30 ans et ne les paraît pas. Elle est de visage aimable et reposé. Une bonne odeur de bourgeoisie émane de sa petite personne diligente et potelée. Toilette fort simple, mais où le goût le plus difficile ne trouverait rien à reprendre. Tout en Jeannine respire la sécurité dans l'aisance.

la régularité dans la vie et la sincérité dans les attraits. La couleur de ses cheveux est naturelle et son corsage n'induit pas plus en erreur que sa bouche. Elle est « dans ses meubles. » si l'on peut dire, des pieds à la tête.

JEANNINE, *derrière Brochard.*

Bonjour, mon ami.

BROCHARD, *se levant vivement.*

Oh ! pardon... Je ne vous avais pas entendue. (*Il lui embrasse la main.*)

JEANNINE

Je vous ai fait peur ?

BROCHARD

Si la joie fait peur, oui.

JEANNINE

Charmant !

BROCHARD

Vous allez mieux ? Cette migraine d'hier ?

JEANNINE

Dissipée, merci.

BROCHARD

Il n'y a, d'ailleurs, qu'à vous voir, si fraîche, si matinale, pour être entièrement rassuré.

JEANNINE

Ne dirait-on pas que j'ai l'habitude de faire la grasse matinée ?

BROCHARD

Ce n'est point ce que je voulais dire.

JEANNINE

Oh ! je n'ai aucun mérite à me lever de bonne heure. J'ai un excellent sommeil et le lit m'est insupportable quand je ne dors plus.

BROCHARD

L'inconvénient de coucher seule.

JEANNINE

Voulez-vous bien vous taire !

BROCHARD

Oui, mais en murmurant... en murmurant d'autant plus que je vous trouve prête à sortir, ce qui va sans doute déranger ma petite combinaison.

JEANNINE

Quelle combinaison ?

BROCHARD

Je venais vous proposer, à vous et à Colette, une promenade à Saint-Germain, dans mon automobile, aller et retour avant déjeuner.

JEANNINE

Ah ! voilà donc pourquoi...

BROCHARD

J'ose me présenter dans cette tenue. Pardonnez-la-moi, à cause de l'intention.

JEANNINE

Oh ! bien volontiers. N'êtes-vous, pas ici, chez vous ?

BROCHARD, *soupirant.*

C'est une façon de parler.

JEANNINE

Mais non, je parle sans façon.

BROCHARD

Enfin, ma promenade? Vous ne m'avez pas répondu.

JEANNINE

Impossible ce matin, mon ami.

BROCHARD

Là ! Qu'est-ce que je disais !

JEANNINE

Il fallait me prévenir aussi! Est-ce que je pouvais deviner que votre automobile n'était pas en réparation chez le fabricant ?

BROCHARD

A vous entendre, on croirait qu'elle n'en sort pas.

JEANNINE

Oh! avouez qu'elle n'en sort guère... que pour y retourner ?

BROCHARD

Raison de plus pour profiter d'une occasion... exceptionnelle. Saint-Germain n'est pas si loin.

JEANNINE

Fontainebleau non plus, et pourtant vous n'avez jamais pu nous y conduire sans encombre.

BROCHARD, *riant.*

C'est vrai. C'est comme un fait exprès. Quand je suis seul avec mon mécanicien, ça va... Je roule à travers tous les obstacles comme sur le velours..., même dans Paris... Et dès que j'emmène quelqu'un c'est une panne...., bien plus humiliante que l'accident.

JEANNINE

Vous voyez bien qu'il vaut mieux ne pas nous emmener.

BROCHARD

Mais je ne suis pas égoïste. Je n'ai pas acheté une voiture automobile de la force de huit chevaux pour mon plaisir seulement.

JEANNINE

La sécurité des piétons l'entend bien ainsi.

BROCHARD

Allons, soyez gentille et, puisque vous n'êtes pas libre..., confiez-moi Colette... rien que pour le tour du lac. Vous ne pouvez pas me refuser ça... Vous connaissez ma prudence. Vous savez que Colette m'est plus chère que mes yeux. Il n'y a pas le moindre danger.

JEANNINE

Non, mon ami. Je ne conteste pas plus l'amusement de l'enfant que la tranquillité des parents, et je vous dis tout de même : non, mon ami.

BROCHARD

Pourquoi ?

JEANNINE

Parce que Colette n'a pas de leçons à perdre, d'abord, et puis parce qu'il ne serait pas convenable qu'on la vît seule en auto, avec vous.

BROCHARD

Permettez-moi de trouver vos scrupules un peu exagérés. Ce n'est pas la première fois que Colette sort avec moi.

JEANNINE

A pied. Tandis que vous me demandez de l'arborer sur votre char de triomphe.

BROCHARD

Oh ! bien modeste.

JEANNINE

Pas du tout. Je vous regarde parfois, quand vous accompagnez Colette... Le roi n'est pas votre cousin.

BROCHARD

Pour ce que j'y gagnerais !

JEANNINE

Vous avez une figure épanouie, reluisante de bonheur.

BROCHARD

Le bonheur sincère que j'éprouve.

JEANNINE

Soit, mais une figure qui ferait trop remarquer Colette à la place où vous l'afficheriez. Vous auriez l'air de conduire un char-réclame, et les pannes, les fâcheuses pannes dont vous parliez tout à l'heure, ne pourraient que souligner le caractère excessif de cette publicité. C'est ce que je ne veux pas. Votre amour-propre s'avouait sensible aux rassemblements de cinquante personnes autour de votre automobile rétive... Pourquoi exposerais-je davantage ma fille à la curiosité de cinquante badauds et à leurs commentaires souvent malsonnants ?

BROCHARD

Il y a un moyen bien simple de les éviter : celui que j'emploie et qui consiste à rentrer en fiacre, pendant que mon mécanicien se débrouille.

JEANNINE

Prenez garde de vous ruiner en fiacres, mon ami.

BROCHARD

Vous ne me ménagez guère, ce matin.

JEANNINE

Voyons, réfléchissez. Vous êtes étonnant. Vous ne voulez pas vous apercevoir que Colette n'est plus une toute petite fille, qu'elle a dix ans, et que son intelligence, sa précocité même, nous commandent et nous commanderont, à mesure qu'elle grandira, des précautions de plus en plus nécessaires. Il faut nous surveiller constamment, parce que nous sommes constamment surveillés, ici par les domestiques, dehors par nos relations, partout enfin. Vous vous plaisez à reconnaître que j'élève parfaitement Colette. Facilitez-moi ma tâche.

BROCHARD

Il me semble...

JEANNINE, *vivement.*

Je sais ce que vous allez dire ou plutôt ce que vous pourriez dire... Ne le dites pas... J'apprécie en vous une extrême délicatesse... dont ce serait la première défaillance.

BROCHARD

Rendez-moi encore cette justice que...

JEANNINE

Je vous la rends. (*Elle lui tend une main qu'il garde un moment.*) Je vous remercie même de ne pas prendre en mauvaise part mon observation et de n'en pas conclure que mes sentiments pour vous ont changé !

BROCHARD, *ému.*

Oh !

JEANNINE, *dégageant sa main*

Un homme d'un bon sens et d'un dévouement moins fermes n'y manquerait pas.

BROCHARD

Vous savez bien, Jeannine, que je vous aime assez pour...

JEANNINE

Je le sais et j'en abuse (*Protestation muette de Brochard.*) Si, j'en abuse, je le sens quelquefois. Mais j'ai du moins la satisfaction de penser que je ne vous ai pas pris en traître et que vous avez librement souscrit à des exigences... légitimes.

BROCHARD

Oh ! certainement.

JEANNINE

En m'approuvant naguère de garder ma fille auprès de moi, de ne pas la mettre en pension, vous saviez quelle réserve sa présence ici vous imposerait ; vous saviez avec quelle discrétion vous seriez tenu de jouir de vos prérogatives... d'ami, afin de ne pas éveiller l'attention, d'abord, puis la curiosité, enfin les soupçons d'une enfant avisée comme Colette.

BROCHARD

Je ne crois pas avoir jamais oublié devant elle le respect que je dois à sa mère.

JEANNINE

Oui, vous avez toujours été plein de tact... et je ne puis vous en témoigner trop de reconnaissance...

BROCHARD

De reconnaissance... seulement ?

JEANNINE

De tendre reconnaissance. Êtes-vous content ?

BROCHARD

Êtes-vous heureuse ?

JEANNINE

Très heureuse.

BROCHARD

Alors, je suis content.

JEANNINE

Vous êtes le meilleur des hommes.

BROCHARD

Et des tuteurs ?

JEANNINE

Des tuteurs aussi.

BROCHARD

Avouez pourtant, chère amie, que mon rôle consiste surtout à dire amen à tout ce que vous décidez.

JEANNINE

Naturellement ; néanmoins, je vous estime assez pour croire que vous ne diriez pas amen à des volontés qui vous paraîtraient blâmables et contraires à l'intérêt de Colette.

BROCHARD

Sans aucun doute.

JEANNINE

Son instinct l'en avertit. Aussi a-t-elle beaucoup d'affection pour vous.

BROCHARD

La chère petite ! Est-ce que je pourrais l'embrasser ?

JEANNINE

Oui. Et ce n'est pas la seule récompense que mérite votre bonne grâce. Je vous autorise à venir prendre Colette après sa leçon d'anglais et à lui faire faire, à pied, la petite promenade pour laquelle huit chevaux ne vous semblaient pas de trop.

BROCHARD

Vous êtes divine. Je rentre m'habiller et je reviens.

JEANNINE

Oh ! vous avez le temps. (*Elle sonne. A Julie.*) Dites à mademoiselle de venir.

BROCHARD

Je ne vous ai pas retardée ?

JEANNINE

Non, quoique j'aie, ce matin, beaucoup de courses à faire.

BROCHARD

Puis-je vous aider?

JEANNINE

Ma foi, attendez... je vais voir. (*Elle consulte un petit carnet.*) Modiste... chapeau, retouche... non! Glacier, commande, non; Louvre, divers, non...; bijoutier... Ah! vous pouvez porter chez le bijoutier ma bague, dont la perle s'est détachée.

BROCHARD

La bague que je vous ai donnée ?

JEANNINE

Précisément. J'ai eu assez peur qu'elle ne fût perdue. J'accusais déjà les domestiques de l'avoir dérobée. Enfin Julie l'a retrouvée en faisant ma chambre. La voici et voici la bague.

BROCHARD

Vous y tenez ?

JEANNINE

Comme à tout ce qui me vient de vous.

BROCHARD

Merci. Au fait, j'y songe... Si je profitais de l'occasion pour faire encadrer la perle entre deux diamants, hein ?

JEANNINE

Non, mon ami. Cette bague me plaît ainsi, et ce

n'est pas, enrichie de diamants, qu'elle évoquerait pour moi de plus précieux souvenirs.

BROCHARD

Chère !... (*Il saisit la main de Jeannine qu'il veut porter à ses lèvres.*)

JEANNINE

Prenez garde, j'entends Colette... Voyons, je n'oublie rien... Non.

SCÈNE III

LES MÊMES, COLETTE.

COLETTE, *allant vivement vers Brochard auquel elle tend son front.*

Bonjour, mon tuteur. En voilà une bonne surprise !...

BROCHARD

Tu trouves! Eh bien, ce n'est pas la seule. On t'en réserve une autre.

COLETTE

Oh! dis...

BROCHARD

Un instant. L'avez-vous réellement méritée, mademoiselle ?

COLETTE

Demande à maman.

BROCHARD

Cette élève, madame, est-elle bien notée?

JEANNINE

En histoire sainte, oui.

BROCHARD

Voyons cela. Où en êtes-vous de cette histoire?

COLETTE

A Jephté.

BROCHARD

Qu'était-ce que Jephté?

COLETTE

Un général vainqueur.

BROCHARD

Bien. Vous rappelez-vous une particularité de sa vie?

COLETTE

Il avait une fille qu'il offrit en holocauste au Seigneur, parce qu'elle était venue la première au-devant de lui.

BROCHARD

Voilà une façon d'encourager l'empressement filial!

COLETTE

Mon histoire sainte ajoute que Jephté, avant de sacrifier sa fille, lui permit d'aller sur la montagne pleurer sa virginité... Qu'est-ce que cela signifie?

BROCHARD

C'est... c'est une manière d'exprimer le chagrin

que cette jeune fille avait d'une vocation contrariée. Comprends-tu ?

COLETTE

Pas très bien.

BROCHARD

C'est ce qu'il faut. L'histoire sainte gagne énormément à rester dans le vague.

COLETTE

Et ma surprise, à présent?

JEANNINE

C'est, si tu prends une bonne leçon d'anglais, d'aller jusqu'au bois avec ton tuteur.

COLETTE, *battant des mains.*

Oh! quelle chance!

JEANNINE

Allons, va...

COLETTE

A tout à l'heure. (*Elle sort en envoyant à Brochard un baiser du bout des doigts.*)

BROCHARD, *même jeu*

Etait-elle gentille et naïve... en racontant l'histoire inconvenante de cette glorieuse brute et de sa pauvre Iphigénie.

JEANNINE

Si vous ménagiez vos expressions...

BROCHARD

C'est aux historiens bibliques, il me semble, qu'il faudrait plutôt dire ça.

JEANNINE

Réformez l'enseignement.

BROCHARD

Sur ce point et en ce qui concerne Colette, je ne demanderais pas mieux. Mais vous ne m'accordez même pas l'étoffe d'un excellent papa.

JEANNINE

Si. Seulement, il n'y a point que l'étoffe à considérer dans l'habit. Il est bien entendu que vous déjeunez avec nous en ramenant Colette.

BROCHARD

Alors, nous passerons chez le pâtissier en revenant. A bientôt.

JEANNINE

A bientôt, mon ami.

BROCHARD, *retenant la main qu'elle lui a tendue et penché vers son oreille, qu'il effleure.*

C'est égal, tu sais, tu devrais bien surveiller les lectures de ta fille. (*Il sort.*)

SCÈNE IV

JEANNINE, JULIE.

JEANNINE

Je n'ai plus de temps à perdre... (*A Julie, qui paraît au fond.*) Mon chapeau, Julie. (*Elle commence à se ganter.*)

JULIE

Bien, madame. (*Fausse sortie.*)

JEANNINE, *la rappelant*

Ah!... et puis mes clefs, qui sont sur la toilette... ou sur l'armoire... je ne sais plus... Non je les ai. Voyez seulement si tout est bien fermé.

JULIE

Oui, madame.

JEANNINE

Le déjeuner pour midi et demi. Dites-le à la cuisinière. (*Coup de sonnette.*)

JULIE

Je vais ouvrir.

JEANNINE

Oui. C'est l'institutrice de Colette. Rapportez-moi mon chapeau. Dépêchez-vous, je suis en retard. (*Elle achève de se ganter, pendant que Julie va ouvrir.*)

JULIE, *revenant*

Madame!...

JEANNINE

Quoi encore?

JULIE

C'est monsieur!

JEANNINE

Il revient?

JULIE

Non,... oui. C'est monsieur..., le mari de Madame, monsieur d'Ambroville.

JEANNINE

Vous êtes sûre?

JULIE

Oh! madame... C'est déjà moi qui l'ai reçu la dernière fois qu'il est venu..., il y a deux ans.

JEANNINE

Eh bien! elle est forte, celle-là! Je ne serais pas fâchée de savoir ce qu'il me veut. Vous lui avez dit que j'étais là?

JULIE

Au contraire. Je lui ai répondu que madame venait justement de sortir. Mais il n'a pas eu l'air de m'entendre et il a ajouté : « Bien. Dites-lui que j'ai absolument besoin de lui parler tout de suite. »

JEANNINE

Je le reconnais bien là... Faites-le entrer... Mais apportez-moi tout de même mon chapeau dans cinq minutes. (*Pendant que Julie sort.*) Après tout, j'aime mieux avoir à m'en débarrasser ici que dans la rue, s'il lui prenait la fantaisie de m'attendre en bas et de m'accompagner...

SCÈNE V

JEANNINE, GEORGES.

GEORGES, *37 ans. Joli garçon, blond, barbe longue et soignée, des dispositions précoces à la calvitie. Très élégant. Manières dégagées. Physionomie cordiale.*

Bonjour, Jeannine.

JEANNINE, *sur la défensive, mais sans raideur.*
Bonjour.

GEORGES

Tu vas bien, depuis... l'autre jour?

JEANNINE

Voilà deux ans que je ne me porte pas mal. Merci.

GEORGES

Parfait. C'est vrai que tu ne changes pas.

JEANNINE

Toi non plus.

GEORGES

Oh! tu dis ça pour me flatter.

JEANNINE

C'est surtout du moral que je veux parler.

GEORGES

Alors, je me défraîchis ?... (*Il va devant la glace.*) Tu as raison... Je paraîtrai bientôt mes trente-sept ans...

JEANNINE

Si tu les parais quand tu en auras quarante...

GEORGES

C'est peut-être ma barbe... J'ai eu tort de laisser pousser ma barbe, hein? Ce n'est pas qu'elle grisonne encore, non, mais ça ne fait rien... Si je la coupais, qu'en dis-tu? La moustache seulement... (*Il replie sa barbe dans sa main.*) comme ça... N'est-ce pas que la moustache m'allait mieux?

JEANNINE

Ne te gêne pas, tu sais !...

GEORGES

Si je me gênais chez ma femme...

JEANNINE

Chez celle qui fut ta femme.

GEORGES

Voyons, à quoi servirait d'avoir fait un mariage d'inclination, d'avoir vécu ensemble, gentiment, pendant six ans, et de s'être séparés à l'amiable, somme toute, si l'on ne pouvait pas se rencontrer de temps en temps, comme de bons camarades ? Il n'est pas possible que le souvenir de quelques mauvais moments t'ait fait oublier tant de bons quarts d'heure...

JEANNINE

Non, et c'est bien pourquoi j'ai consenti à te recevoir. J'y ai d'autant plus de mérite que ce sont les moments qui furent bons avec toi, et les quarts d'heure mauvais.

GEORGES

Oh ! des quarts d'heure de Rabelais, que tu as toujours eu le tort de dramatiser. Notre brouille vient de ce que tu as pris au pied de la lettre le proverbe : Où il y a de la gêne, il n'y a pas de plaisir. Quelle blague ! Il doit y avoir d'autant plus de plaisir dans la gêne, qu'il s'agit de la faire oublier. Tout finit par s'arranger.

JEANNINE

C'est une opinion.

GEORGES

Enfin, tu n'as jamais eu une trahison, une brutalité à me reprocher. Tu as manqué de confiance en moi... et de patience, voilà tout. Oh ! je ne t'en veux pas !...

JEANNINE

Tu es bien gentil.

GEORGES

Je l'ai toujours été. *(Il s'asseoit et tire de sa poche un petit nécessaire.)*

JEANNINE

Comment donc ! Tu l'étais déjà, quand tu dissipais ma dot en combinaisons destinées à t'enrichir par les voies les plus rapides et quelquefois les plus suspectes.

GEORGES

Je semais pour récolter.

JEANNINE

En attendant, tu nous laissais, la petite et moi, sans ressources pour ainsi dire, la plupart du temps. — C'était gentil de disparaître, quelquefois pendant plusieurs jours, censément pour conclure des affaires imaginaires, et, en réalité, pour te soustraire aux réclamations des créanciers dont, ta mère et moi, nous subissions l'assaut ? Quand je pense que je n'osais plus sortir, de peur d'être arrêtée, dans le quartier, par les fournisseurs chez qui nous avions des dettes criardes !

GEORGES, *peignant sa barbe.*

Ah ! ça, est-ce que tu t'imagines encore que, de mon côté, je m'amusais ?

JEANNINE

Je ne sais pas si tu t'amusais, mais tu avais des conférences avec le tailleur, le chemisier et le bottier, qui te faisaient crédit sur ton beau nom et sur ta belle mine ; tu dînais au cercle, tu y passais tes soirées, tes nuits...

GEORGES

Pour entretenir mes relations et m'en créer de nouvelles.

JEANNINE

Parlons-en ! Parlons de tes amis qui t'avaient surnommé... comment donc déjà ? .. Tape-dur ?...

GEORGES

Comme c'est spirituel !...

JEANNINE

Moins spirituel assurément que de te commander des pelisses de 1,500 francs, que tu engageais au Mont-de-Piété, après les avois mises deux ou trois fois...

GEORGES

Et mises utilement, j'ose m'en flatter. Mais tu n'as jamais rien entendu aux affaires. Tu n'as jamais voulu comprendre que j'ai un nom à porter.

JEANNINE

Où ça ?

GEORGES, *haussant les épaules.*

Enfin, vaut mieux faire envie que pitié.

JEANNINE

L'événement a bien mal vérifié ce beau précepte, car c'est plutôt de la pitié que tu m'inspirais à la fin.

GEORGES

Je ne m'en suis pas aperçu, car tu ne vas pas me reprocher un divorce que tu as été la première à me proposer.

JEANNINE

Sans conviction, et pour mettre ton affection à l'épreuve. La conviction ne m'est venue que de ton empressement à réaliser un projet qui n'était pas arrêté dans mon esprit. En me prenant au mot, tu m'as confirmée dans mes craintes, dans mes soupçons... Ta femme et ta fille étaient devenues un embarras pour toi. En te rendant ta liberté, je t'ouvrais la ressource d'une spéculation lucrative, je veux dire d'un second mariage avantageux. Et si juste était cette prévision que, moins d'un an après notre divorce, tu m'avais remplacée.

GEORGES

Il me serait facile de te prêter les mêmes calculs ayant abouti au même résultat.

JEANNINE

Oui, si j'avais eu des torts envers toi ; mais je n'en avais pas. Je ne t'ai jamais trompé ; j'ai été bonne épouse et bonne mère. Tu me reproches d'avoir manqué de patience... Ah ! je voudrais bien connaître la femme qui aurait vécu, comme moi, pendant cinq ans au milieu des duperies, des mensonges et des expédients continuels. J'avais fini par avoir l'air d'être ta complice, tandis que j'étais la plus malheureuse et la plus innocente de tes victimes. Tu m'opposais comme une digue au papier timbré. Nous avons déménagé sept fois en quatre ans. Notre dernier domicile conjugal a été l'hôtel!...

GEORGES

Un hôtel de premier ordre.

JEANNINE

Où l'on a retenu nos malles, et où j'étais en butte aux mêmes obsessions que partout ailleurs. Car, pendant cinq ans, je puis dire que l'huissier nous a suivis comme notre ombre.

GEORGES

L'huissier ne fait pas le malheur.

JEANNINE

Il l'accompagne. Oh ! je sais bien que, personnellement, tu ne te frappais pas pour si peu. Tu étais peut-être le seul qui ne risquât rien, en parlant de temps en temps de te faire sauter le caisson. Aussi cette menace m'effrayait-elle moins que les coups de sonnette, car je tremblais toujours qu'on ne vînt t'arrêter.

GEORGES

Il n'y a plus de prison pour dettes, Dieu merci!

JEANNINE

Non, mais il y en a pour l'escroquerie et l'abus de confiance.

GEORGES

Tu es sévère.

JEANNINE

Sévère, mais clairvoyante. Enfin, qu'est ce que tu veux? Après cinq ans de ce supplice, j'ai senti que je ne pourrais jamais m'habituer à ton inconscience et à ton égoïsme, plus redoutables peut être que les brutalités. Car c'est vrai, tu n'étais pas méchant et il a fallu une réelle persévérance de ta part dans les déceptions que tu m'infligeais, pour lasser ma tendresse et mon indulgence. Je n'étais pourtant pas exigeante. De la patience j'en aurais montré si, au lieu de passer ta vie à chercher un million, tu avais rapporté seulement dans notre ménage 500 francs par mois.

GEORGES

J'ai rapporté davantage.

JEANNINE

Quand donc?

GEORGES

Tu ne te rappelles pas? Le jour où j'ai gagné 10,000 francs aux courses. Je me vois encore les étalant devant toi, sur la table. Si ce n'était pas gentil, ça! Je t'ai emmenée dîner au cabaret. On a fait des folies... Tu ne voulais pas... En ai-je eu de la peine à te décider !... Et nous n'avons pas eu à nous en repentir...

JEANNINE

En effet. Dès le lendemain, ce qui venait de la pelouse retournait au tapis vert.

GEORGES

Vert, couleur de l'espérance, que de dupes on fait en ton nom ! Peu importe, va. Je te répète que je ne t'en veux pas de m'avoir chanté la Périchole conjugale :

Oh ! mon cher mari, je te jure
Que je t'aime de tout mon cœur,
Mais vrai, la misère est trop dure
Et nous avons trop de malheur !

JEANNINE, *riant.*

Ah ! le jour où tu seras sérieux, toi !

GEORGES

Allons, sois franche : tu as manqué d'estomac.

JEANNINE

C'est le mot. Colette et moi nous avions un estomac réfractaire aux privations quotidiennes.

GEORGES

Je disais bien : tu as toujours été *popote*... Tu aimes tes aises, la sécurité, un train de vie régulier, monotone, sans imprévu... bourgeois ! Ça n'est pas de ta faute. C'est de la faute de tes parents, qui t'ont mal élevée.

JEANNINE

Il y a un grain de vérité dans ce que tu dis légèrement. Il est certain que mes parents m'auraient fait un meilleur sort en me donnant, plutôt que de l'argent, les moyens d'en gagner honorablement. C'est après notre divorce que j'ai compris mon incapacité et leur erreur. Si encore tu l'avais réparée... Mais tu m'as rendue bonne tout au plus à faire un clerc d'huissier... et c'est une conquête dont le féminisme ne s'est pas encore préoccupé.

GEORGES

Allons, tu t'es tout de même tirée d'embarras. (*Mouvement de Jeannine.*) Oh! ce que j'en dis n'est pas pour te désobliger, mais surtout pour atténuer mes remords. Car j'en ai eu, ma petite Jeannine, n'en doute pas. (*Elle s'est assise; il passe derrière elle et lui parle à l'oreille*). Crois-tu donc que je me pardonne d'avoir laisser s'envoler un joli petit oiseau comme toi? Ma mémoire est pleine de toutes les joies que tu m'as données... toutes... si vives qu'il me semble impossible de retrouver les mêmes. Tu ne peux pas dire le contraire, je t'en défie... Nous avons été heureux... nous avons eu des minutes de bonheur qui suffisaient pour dissiper les contrariétés d'une vie difficile... Te souviens-tu, quand je te disais, après une avalanche de papier timbré : brûlons du sucre!... et comment nous en brûlions?

JEANNINE, *surmontant son émotion.*

Oui... oui... (*Elle se lève et s'éloigne de Georges.*)

GEORGES, *contrarié qu'elle se dérobe, mais se reprenant aussitôt.*

Enfin, quoi qu'il soit arrivé, cette consolation nous reste de penser que nous nous sommes quittés sans nous détester... que nous nous sommes quittés proprement.

JEANNINE

Tu appelles se quitter proprement, en être réduit, comme tu l'as été, à te faire prendre en flagrant délit d'adultère simulé ?

GEORGES

Aurais-tu mieux aimé qu'il fût réel ? Permets-moi, sur ce point, de te trouver injuste..., pour ne pas dire ingrate. Car enfin, si j'ai consenti à jouer cette comédie d'un goût douteux, j'en conviens, c'était pour que le divorce, prononcé à ton profit, te permît de garder la petite... Il faut dire les choses comme elles sont, que diable !

JEANNINE, *redevenue maîtresse d'elle-même, considérant Georges.*

Tu es extraordinaire !... Mais je te préfère ainsi... maintenant.

SCÈNE VI

LES MÊMES, JULIE.

JULIE

C'est le chapeau que Madame m'a demandé pour sortir.

JEANNINE

Bien. Mettez-le là... (*A Julie qu'elle voit embarrassée pour sortir.*) Qu'est-ce qu'il y a ? (*Elle remonte ; Julie lui parle à voix basse. Mouvement de surprise de Jeannine qui regarde Georges, hésite une seconde puis donne un ordre à Julie.*) Vous m'avez comprise ?

JULIE

Oui, madame. (*Elle sort.*)

SCÈNE VII

JEANNINE, GEORGES.

GEORGES, *ironiquement.*

Si je suis indiscret...

JEANNINE

Non. Mais voyons, ce n'est pas, j'imagine, pour rabâcher des discussions que nous avons eues cent fois, dans le temps, que tu es venu. Me diras-tu ce qui me procure... l'étonnement de ta visite ?

GEORGES

Eh bien ! voilà. Figure-toi que je n'ai jamais été plus gêné qu'en ce moment.

JEANNINE

C'est une chose que je me figure aisément.

GEORGES

Bref, il me faut cinquante louis avant demain.

JEANNINE

Cinquante louis seulement ?

GEORGES

Non. Il est certain que 25,000 francs feraient beaucoup mieux mon affaire. Mais 25,000 francs, je les trouverai toujours.

JEANNINE

Naturellement.

GEORGES

Tandis que je ne sais véritablement pas comment me procurer les cinquante louis qui me manquent. Alors, j'ai pensé à toi.

JEANNINE

J'ai de la chance. Ta pensée me touche infiniment. C'est la seconde de ce genre que tu as pour moi depuis notre séparation.

GEORGES

La seconde ?

JEANNINE

Rappelle-toi... Il y a deux ans, tu m'empruntas déjà une petite somme que tu devais me rendre dans la huitaine. J'ai même cru tout à l'heure que tu venais me la rapporter.

GEORGES

Je te promets d'acquitter l'ancienne dette et la nouvelle, samedi prochain. J'ai une rentrée sérieuse en vue.

JEANNINE

Patiente jusque-là.

GEORGES

Je ne peux pas.

JEANNINE

C'est dommage.

GEORGES

Il est souvent plus délicat de demander de l'argent à des personnes qui vous en doivent, qu'à d'autres qui ne vous doivent rien.

JEANNINE

Va chez l'usurier. Tu connais le chemin.

GEORGES

Trop. Les chemins battus sont stériles. D'ailleurs, si mon entreprise réussit...

JEANNINE

Pourquoi pas?

GEORGES

Tu ne sais pas de quelle entreprise il s'agit.

JEANNINE

Mais si : de la dernière.

GEORGES

Eh bien! oui, de la dernière : un dispositif de carburateur, dont tu me diras des nouvelles.

JEANNINE

Je préfère t'en demander.

GEORGES

Si je trouve un commanditaire pour exploiter le brevet que j'ai pris, c'est la fortune.

JEANNINE

Tu travailles dans les automobiles, à présent?

GEORGES

Je fais travailler.

JEANNINE

C'est ce que je voulais dire.

GEORGES

Procurer du travail aux ouvriers, par des inventions qui donnent un nouvel essor à l'industrie, quel rôle admirable !

JEANNINE

Et c'est pour le remplir, ce rôle admirable, que tu as besoin de cinquante louis ?

GEORGES

Non.

JEANNINE

Demande-les à ta femme.

GEORGES

Tu sais bien que je me suis remarié sous le régime de la séparation de biens.

JEANNINE

Raison de plus.

GEORGES

Raison de moins.

JEANNINE

Ta seconde femme est moins bête que la première : elle te tient la dragée haute.

GEORGES

Oh! tu peux dire la pilule. J'ai fait une bêtise !

JEANNINE

Est-ce de ton mariage ou d'un contrat maladroit que tu parles ?

GEORGES

Choisis.

JEANNINE

Je m'en garderais bien... pas plus que je ne voudrais triompher, même modestement, d'une comparaison en ma faveur.

GEORGES

Oh ! ne te retient pas. Si je ne devais compter que sur ma femme !...

JEANNINE

Est-ce qu'elle te fait payer pension ?

GEORGES

Tu plaisantes ?

JEANNINE

En effet, car c'est plutôt si elle ne te réclamait rien, qu'il n'y aurait pas de quoi rire.

GEORGES

Certes, Amélie n'a pas la bosse de la générosité...

JEANNINE

Si elle en a d'autres.

GEORGES

Mais pour ce qui regarde exclusivement la maison et son train, elle ne lésine pas.

JEANNINE

Elle te nourrit bien ?

GEORGES

Pas mal; seulement, jamais je n'obtiendrai d'elle de quoi payer...

JEANNINE

Les cent cinquante francs par mois que le tribunal t'a condamné à me verser pour élever Colette.

GEORGES

Ou le loyer dont j'ai répondu pour ma mère.

JEANNINE

Pauvre femme!

GEORGES

Amélie ne peut pas la sentir. Elle dit que nous avons assez de charges comme ça .. Evidemment il eût mieux valu qu'elle continuât d'habiter avec nous. Mais la vie commune n'était plus possible.

JEANNINE

Avoue que je fus une belle-fille de meilleure composition.

GEORGES

Sans doute. C'est même ce qui m'a décidé à m'adresser à toi. Tu peux hésiter à m'obliger personnellement, tandis que pour ma mère, avec laquelle tu t'es toujours accordée, qui t'aime sincèrement...

JEANNINE

C'est pour elle que tu as besoin de cinquante louis?

GEORGES

Oui, elle doit quatre termes et la propriétaire la

menace d'expulsion. Il y a déjà des frais d'huissier exorbitants... Il faut absolument en finir avant demain. Tu vois la situation.

JEANNINE

Je la vois et je la trouve fâcheuse... Mais je ne puis rien faire pour y remédier.

GEORGES

Rien?

JEANNINE

Rien.

GEORGES

C'est bon. Je n'insiste pas. Mais il y a un autre service que tu es à même de me rendre. J'ai vu tout à l'heure, arrêtée devant ta porte, la voiture de M. Brochard. Je le rencontre souvent, d'ailleurs, conduisant son automobile.

JEANNINE

Souvent? tu m'étonnes...

GEORGES

C'est un homme qui semble beaucoup s'intéresser aux progrès de l'automobilisme. Il est intelligent. On dit qu'il a fait une grosse fortune dans les produits chimiques.

JEANNINE

Je n'en sais rien.

GEORGES

Qui donc, cependant, le saurait mieux que toi?

JEANNINE

Sa famille.

GEORGES

Il n'a que des sœurs.

JEANNINE

Comme tu es renseigné! M. Brochard, étant veuf, n'a plus que des sœurs, c'est vrai, mais auxquelles il rend bien l'affection sincère qu'elles ont pour lui.

GEORGES

Peu importe. J'ai pensé que M. Brochard consentirait probablement à mettre de l'argent dans une affaire industrielle de tout repos, comme, par exemple, l'exploitation d'un brevet.

JEANNINE

Le tien.

GEORGES

Le mien, de préférence. Si tu avais le temps de m'écouter, je t'expliquerais les avantages de mon carburateur... mais c'est peut-être M. Brochard lui-même que tu fais attendre...

JEANNINE

Non, ce n'est pas lui. Je le regrette, mais ce n'est pas lui... Est-ce que tu comptais sur une présentation immédiate?

GEORGES

Ici, non... Il suffirait, d'ailleurs, d'appeler son attention sur mon système... adroitement... Avec un homme comme M. Brochard, je me contenterais d'une adhésion en principe. On verrait après. Tu comprends?

JEANNINE

Parfaitement. As-tu vu jouer une pièce intitulée *La Dupe?*

GEORGES

Je ne saisis pas le rapport.

JEANNINE

Tu vas saisir. La dupe est une femme séparée d'un mari dans ton genre, par qui elle a été à peu près ruinée. Elle a la faiblesse de le revoir et la faiblesse plus grande de lui venir en aide. Il se moque d'elle et elle n'a que ce qu'elle mérite. Au théâtre, le personnage est sympathique ; dans la vie, il est ridicule. Il serait odieux si je pratiquais le *tapage* par procuration auquel tu m'invites.

GEORGES

Je t'assure que tu travestis ma pensée. (*Insidieusement.*) Tu as peut-être tort de...

JEANNINE, *nettement*

Non. Maintenant, mon petit Georges, je vais te demander la permission de m'habiller, car je suis pressée. (*Elle va mettre son chapeau devant la glace.*)

GEORGES, *s'asseyant.*

Je le regrette, parce que je ne t'ai pas encore fait connaître le véritable motif de ma visite.

JEANNINE

Eh! bien, dis vite.

GEORGES

Je n'ai nullement l'intention, crois-le bien, de m'immiscer dans ta vie. Tu l'arranges à ta guise ;

c'est ton affaire ; ça ne me regarde pas... ou du moins ça ne me regarderait pas si tu étais seule en cause. Mais il y a entre nous un lien que le divorce n'a pas tranché... et c'est de ce lien que j'ai le devoir de me préoccuper.

JEANNINE, *se retournant.*

Qu'est-ce que tout ça signifie?

GEORGES, *posément.*

Tout ça signifie, chère amie, que je désire soustraire Colette à une influence et à un milieu qui ne lui conviennent pas.

JEANNINE

Ah !... ça, c'est drôle ! C'est même d'un comique impayable. Il y a une demi-heure que tu es ici, que nous causons ; tu ne m'as même pas demandé des nouvelles de ta fille... et tout d'un coup, comme ça, parce que je refuse de prêter la main à tes petits trafics, tu fais valoir tes droits sur Colette? Sois donc sérieux une bonne fois.

GEORGES

Je vais l'être. Si j'ai eu des torts, il n'est pas trop tard pour les réparer, et je te répète que je ne suis venu que pour ça.

JEANNINE, *ôtant son chapeau.*

Au fait, puisque l'occasion d'une explication se présente, autant que nous l'ayons tout de suite et une fois pour toutes. Que ta conscience se réveille, avec le sentiment de ta responsabilité, je veux encore l'admettre. Laisse-moi seulement m'étonner que cette effusion se produise au bout de quatre ans... car enfin, il y a quatre ans que dure la situation à laquelle tu trouves à redire subitement.

GEORGES

Elle n'avait pas naguère les mêmes inconvénients que maintenant. Colette vient d'avoir onze ans...

JEANNINE

Dix. Tu ne sais même pas l'âge exact de ta fille! Et comment le saurais-tu? Combien de fois t'a-t-elle vu depuis notre divorce? En moyenne trois fois par an, bien que je la fasse conduire tous les mois régulièrement auprès de sa grand'mère, chez qui tu devrais la rencontrer.

GEORGES

Est-ce de ma faute si mes occupations ne me permettent pas toujours d'être là?

JEANNINE

Oui, le pain de ta fille à gagner. Il est logique, en effet, que nous parlions de tes devoirs, en même temps que de tes droits.

GEORGES

Nous en reparlerons tout à l'heure. Je reprends. Colette vient d'avoir dix ans. Il est temps de donner à sa jeunesse, les maîtres et les exemples que son enfance n'a pas eus. Puisque tu ne sauves même pas les apparences en la mettant en pension; puisqu'elle reste ici, auprès de toi et d'un père d'emprunt mal déguisé sous le nom de tuteur; je suis fondé à revendiquer, au besoin devant le tribunal, l'exercice d'une autorité qu'il m'a provisoirement retirée.

JEANNINE

Tu n'es pas conséquent avec toi-même. La pension de Colette, il aurait fallu toujours la payer. Comme c'est un soin dont tu t'affranchis, j'en dois conclure que tu n'aurais pas trouvé mauvais, dans ce cas, que j'eusse recours à quelqu'un.

GEORGES

Encore une fois, tout ça va changer. Mais j'espère ne pas avoir à demander la revision d'un jugement dont tu as cessé de mériter les bénéfices. Tes avances te seront remboursées intégralement.

JEANNINE

Il faut le voir pour le croire!...

GEORGES

Je ne plaisante plus. Libre à toi de n'envisager que la question d'argent : je regarde plus haut.

JEANNINE

Voilà déjà du changement, en effet. Aurais-tu donc l'intention de me reprendre ma fille pour en orner ton nouvel intérieur? Mais elle ne sera pas une charge moins lourde que ta mère.

GEORGES

Je m'arrangerai pour que maman et Colette vivent ensemble... Ou bien je mettrai Colette en pension.

JEANNINE

J'aime mieux ça, car enfin, c'est à peine si elle te connaît... de vue.

GEORGES

Elle connaît davantage M. Brochard, c'est certain.

JEANNINE

Mais parfaitement. Il a fait pour elle tout ce que tu n'as pas fait ; il a été pour elle tout ce que tu n'as pas été. C'est à lui qu'elle doit le meilleur de son enfance. Il s'est appliqué, n'y étant point forcé, à rendre heureuse et facile une existence dont toi, l'auteur léger, tu te désintéressais... Et tu n'es même pas jaloux de lui. Tu songes surtout à tirer parti de son affection pour Colette, qui a grandi sous ses yeux et qu'il considère un peu comme sa fille adoptive. Si je te disais qu'il ne tient qu'à moi qu'elle le soit réellement ?

GEORGES, *sévère*.

Tu es impardonnable, ayant l'occasion de régulariser ta situation, de ne point le faire.

JEANNINE

A la bonne heure ! Il est tout naturel que toi qui t'es remarié, qui as fondé une nouvelle famille, nécessairement hostile à l'ancienne, tu ne comprennes pas que j'hésite à gratifier Colette d'un beau-père dont la sollicitude pourrait se démentir en devenant une obligation. M. Brochard serait-il le premier dont le mariage dénaturerait les sentiments au lieu de les affermir ? De pareils scrupules te semblent absurdes, n'est-ce pas ? Car enfin, quoi que fasse cet homme, il lui sera toujours facile de se montrer plus généreux que toi. Quant à ton rappel aux convenances, je le trouve délicieux. L'hypocrisie sociale a l'interprète qu'elle mérite. Nous savons, en effet, que le monde est indulgent à beaucoup de femmes mariées qui ont un amant. Moi, j'ai attendu, pour en prendre un, que le divorce m'eût émancipée... Est-ce par là que ma situation est irrégulière?

GEORGES

Tu joues sur les mots. Encore une fois, ta conduite...

JEANNINE

Oh! tu peux dire mon inconduite, va... Tu y es autorisé par la mairie et par l'Église, qui font de toi un honnête homme et qui n'admettent pas que je puisse être une honnête femme, en me passant d'elles. Cependant, voyons, les formalités du mariage n'ont jamais constitué un brevet de moralité, et la preuve, c'est qu'il y a autant d'honnêtes femmes hors du mariage, qu'il y en a de légères dedans.

GEORGES

J'allais dire, lorsque tu m'as interrompu que ta conduite n'est pas de mon goût, uniquement parce que j'y vois un danger pour Colette, laquelle, tu l'oublies trop, porte mon nom.

JEANNINE

Ce nom-là, es-tu sûr que Colette ne sera pas d'autant plus ravie de le perdre, en se mariant, que tu l'auras compromis davantage ?

GEORGES

En se mariant... voilà justement où je voulais en venir. Les scrupules que tu invoquais tout à l'heure ne s'opposent pas, je présume, à ce que M. Brochard assure ton avenir et peut-être aussi celui de... sa fille adoptive.

JEANNINE

Et quand cela serait ? Je devrais me féliciter qu'un autre s'inquiète de ce qui t'a toujours été indifférent.

GEORGES

Fort bien. Vous serez donc un jour, toi, riche, et ta fille dotée. Crois-tu qu'un prétendant, s'il s'en présente un à la main de Colette, ne remontera pas à la source de cette fortune ?

JEANNINE

Oui, pour s'y désaltérer. A cet égard je suis bien tranquille. Les jeunes gens d'à-présent s'informent plutôt du chiffre de l'apport que de sa provenance. Ils comprennent enfin qu'il en est de la dot des jeunes filles comme de l'argent d'une aumône, qui n'a pas plus d'odeur pour celui qui la demande que pour celui qui la fait. L'essentiel est que Colette, par les qualités qu'elle acquerra, mérite d'être recherchée pour elle-même. Eh bien ! en dépit de tes craintes, j'ai conscience d'être plus digne que toi de cette préparation. Le foyer est partout où l'enfant se sent aimé, instruit et respecté. Les idées ont marché depuis que l'on enfermait la femme dans ce dilemme stupide : ménagère ou courtisane. Entre la vertu de l'une et la galanterie de l'autre, qui dépendent des circonstances, le plus souvent, il y a des degrés. Les femmes qui n'en ont comme moi descendu qu'un, sont légion. Elles forment, en quelque sorte, un tiers état. Ce tiers état, qu'a-t-il été jusqu'ici, dans l'ordre moral ? Rien. Que veut-il être ? Quelque chose.

GEORGES, *à mi-voix.*

Quelque chose de propre !

JEANNINE

Ça, c'est une impertinence inutile, car tu ne peux juger de cette propreté-là que comme un aveugle des couleurs.

GEORGES

Tu as perdu le sens moral, ma parole !

JEANNINE

Et c'est toi qui me le rapportes ! Ah ! ça, voudrais-tu me dire quelle différence il y a entre un homme comme toi et le Monsieur qui abandonne une femme irréprochable, avec l'enfant qu'il a d'elle ? T'es-tu demandé ce que nous allions devenir, sans ressources, le jugement prononcé soi-disant à mon profit, ayant tout prévu, excepté ton insolvabilité ? Chez toi, le soir, les pieds sur les chenets, auprès de ta paisible femme, tu n'as jamais pensé aux êtres que tu avais perdus dans la vie, comme dans une forêt... Loin de là, c'est toi, aujourd'hui, qui trouves honteuse, immorale, l'assistance que je reçois d'un brave homme qui m'aime et que j'aime... Allons donc ! Le déshonneur pour moi commencerait seulement à l'ingratitude. Or, M. Brochard a raison d'avoir en moi une confiance absolue, car je lui suis aussi fidèle que je le fus à toi-même, jusqu'au jour de notre divorce. Tu souris, tu ne me crois pas... C'est donc que tu m'estimes encore, autrement tu n'essaieras pas de m'avilir, pour me rabaisser jusqu'à ton niveau !

GEORGES

Enfin, nous verrons lorsque Colette aura l'âge et le droit de peser nos torts réciproques...

JEANNINE

Lequel elle méprisera, de moi qui suis entretenue par M. Brochard, ou de toi qui es entretenu par ta femme. Soit !

GEORGES

Tu confonds entre elles des choses qui n'ont pas le moindre rapport.

JEANNINE

C'est vrai : la loi t'accorde la sanction que je ne lui demande pas. Eh bien ! elle peut se vanter d'avoir sanctionné un joli trafic, la loi !

GEORGES

Il ne te reste plus qu'à proclamer les bienfaits de l'union libre.

JEANNINE

Il n'est pas nécessaire de les proclamer pour en jouir.

GEORGES

Jouis-en donc, mais jouis-en seule. Ton bonheur t'appartient, comme il m'appartient d'en éviter à Colette les éclaboussures...

JEANNINE

Prends garde, si tu as encore un peu de cœur, qu'il y ait pour toi quelque chose de plus douloureux que le spectacle d'une enfant mise en demeure d'opter entre son père et sa mère.

GEORGES

Quoi donc ?

JEANNINE

Le choix de Colette, qui n'est pas douteux.

GEORGES

J'en courrai la chance.

JEANNINE

Parbleu ! Qu'est-ce que tu risques ?

GEORGES

Réfléchis. Tu es avertie.

JEANNINE

La signification du commandement avant la saisie... C'est une revanche que tu prends.

GEORGES

Une revanche, tu dis bien. Au revoir. A bientôt.
Il sort.

JEANNINE

Oh ! si tu te figures m'intimider, mon petit, tu te trompes. (*Elle va et vient une minute avec agitation, prend son chapeau comme pour le mettre, le laisse, y pique des épingles, les retire, etc...*) Tout de même il serait bien capable... (*Elle va ouvrir la porte de droite et appelle.*) Colette !... Colette !...

SCÈNE VIII

JEANNINE, COLETTE, *puis* JULIE.

COLETTE

Tu m'as appelée, maman ?

JEANNINE

Oui.

COLETTE

Pourquoi ?

JEANNINE, *elle prend brusquement la tête de sa fille entre ses mains et l'embrasse.*

Pour rien... va... retourne travailler, ma chérie... (*Julie se montre au fond, tandis que Colette disparaît.*)

JULIE

Est-ce que Madame sort ?

JEANNINE

Non. Comment voulez-vous, maintenant ?

JULIE

Alors, Madame recevra la grand'mère de Mademoiselle, que j'ai fait attendre dans la salle à manger, sur l'ordre de Madame ?

JEANNINE

Ah ! c'est vrai, j'avais oublié... On peut dire qu'elle tombe bien, celle-là !... C'est à croire qu'ils se sont donné rendez-vous ici. Faites-la entrer. Je n'aurai pas perdu ma matinée.

SCÈNE IX

JEANNINE, MADAME D'AMBROVILLE, *en noir et très simple.*

MADAME D'AMBROVILLE

Bonjour, Jeannine.

JEANNINE

Bonjour.

MADAME D'AMBROVILLE

Je n'ai pas voulu déranger Colette, qui prend sa leçon d'anglais, m'a dit la bonne. Je suis bien heureuse de vous rencontrer, d'abord pour vous remercier de votre exactitude à envoyer Colette tous les mois passer une journée auprès de sa grand'mère. C'est une joie et une consolation pour moi, qui n'en ai pas beaucoup d'autres.

JEANNINE

Vous n'avez pas à me remercier. J'observe nos conventions, voilà tout. Je suis même seule à les observer.

MADAME D'AMBROVILLE

Je devine à qui vous faites allusion, ma chère enfant.... Georges ne remplit pas ses engagements envers vous. Il faut lui pardonner. Ce n'est pas mauvaise volonté de sa part, allez...

JEANNINE

Qu'est-ce donc, alors ?

MADAME D'AMBROVILLE

Un guignon obstiné. Rien de ce qu'il entreprend ne réussit. Il se donne pourtant assez de mal.

JEANNINE

Il y a des bornes à l'indulgence. Depuis longtemps déjà vous les avez dépassées. C'est un joli service que vous avez rendu à votre fils.

MADAME D'AMBROVILLE

Je vous assure que vous vous trompez. Je ne m'aveugle pas sur les fautes de Georges. Mais je constate chaque jour qu'il les a largement expiées en vous perdant.

JEANNINE

Vous appelez une expiation son second mariage si brillant ?

MADAME D'AMBROVILLE

Ah ! il est bien avancé ! Si vous connaissiez son nouveau ménage comme je le connais, vous conviendriez qu'il n'y a pas trouvé le bonheur.

JEANNINE

C'est une impression qui vous est personnelle.

MADAME D'AMBROVILLE

Oh ! je ne suis pas assez égoïste pour n'envisager que mon sort, bien différent pourtant de celui que vous m'aviez fait. C'était le bon temps ; vous ne me rendiez pas responsable, vous, des difficultés au milieu desquelles nous nous débattions. Nous n'avons jamais eu l'une pour l'autre de paroles amères.

JEANNINE

C'est vrai.

MADAME D'AMBROVILLE

Vous excusiez ma faiblesse et je comprenais la vôtre. Georges a toujours été si séduisant ! Nous avions en lui une confiance pareille.

JEANNINE

J'étais jeune. Mon inexpérience faisait ma crédulité.

MADAME D'AMBROVILLE

Et puis, vous l'aimiez. Ne vous en défendez pas, vous l'aimiez.

JEANNINE

Jusqu'au jour où j'ai vu clair dans son cœur égoïste.

MADAME D'AMBROVILLE

En êtes-vous sûre ? Je vous répète qu'il est plein de bonne volonté et que ce n'est pas de sa faute s'il échoue partout, avec des qualités et des dons merveilleux. Son père, d'ailleurs, qui n'était pas moins heureusement doué, n'a jamais eu plus de chance. Ma vie s'est passée dans un rêve de millions, interrompu par des réveils de misère. Je n'y comprends rien.

JEANNINE

Vous n'y comprendrez jamais rien.

MADAME D'AMBROVILLE

C'est probable. Aussi tous mes efforts tendent-ils seulement à n'être pas pour le pauvre garçon, une nouvelle cause de contrariétés dans son ménage.

JEANNINE

Vous le dispensez de vous venir en aide.

MADAME D'AMBROVILLE

Oh ! oui.

JEANNINE

De quoi vivez-vous alors ?

MADAME D'AMBROVILLE

Des leçons de français et de piano que je donne. J'ai quelques bonnes élèves. J'arrive à joindre les deux bouts, je ne me plains pas... quoiqu'il y ait des moments bien difficiles... L'entrée de l'hiver, tenez... C'est alors que l'on s'aperçoit de la longueur des vacances et que le terme est lourd. Je ne veux pas m'adresser à Georges, que je sais lui-même très gêné. Mes ennuis compliqueraient inutilement les siens. Il se tourmenterait pour moi.

JEANNINE

Croyez-vous ?

MADAME D'AMBROVILLE

Oh ! certainement. Je connais mon fils ; le jour où il sera riche, allez, je n'aurai plus besoin de donner des leçons, il ne le permettrait pas.

JEANNINE

Et... en attendant ?

MADAME D'AMBROVILLE

J'ai préféré venir, à son insu, vous demander le petit service qu'il n'est pas en état de me rendre.

JEANNINE

Ah ! bon, je devine...

MADAME D'AMBROVILLE

Vous devinez ?

JEANNINE

Parbleu ! Vous devez quatre termes, vous êtes sous le coup d'une expulsion, il y a déjà des frais d'huissier exorbitants ; bref vous avez besoin de cinquante louis pour demain matin.

MADAME D'AMBROVILLE, *avec un étonnement sincère.*

Mais non. Je ne dois que deux termes, c'est-àdire 300 francs. J'ai promis au propriétaire de les lui donner cette semaine, pour ne pas recevoir le congé dont il me menace simplement. Un déménagement, à mon âge, c'est si ennuyeux !

JEANNINE

Alors... les frais d'huissier ?

MADAME D'AMBROVILLE

Il n'y a pas de frais d'huissier... ou du moins, pas encore, Dieu merci !

JEANNINE

Et c'est 300 francs seulement qu'il vous faut, pour être tranquille ?

MADAME D'AMBROVILLE

Oui. (*Jeannine se lève, va au secrétaire, l'ouvre et y prend la somme qu'elle remet à madame d'Ambroville.*

JEANNINE

Les voici.

MADAME D'AMBROVILLE

Je vous suis bien reconnaissante, ma chère enfant. Je tâcherai de vous rendre cet argent lorsque...

JEANNINE

C'est bon. Ne vous inquiétez pas... (*On sonne. Jeannine regarde l'heure à sa montre.*) Voulez-vous embrasser Colette ?

MADAME D'AMBROVILLE

Je crois bien. J'allais vous le demander.

JEANNINE

Allez. Elle est dans sa chambre avec l'institutrice. J'irai vous retrouver tout à l'heure. (*Madame d'Ambroville sort à droite.*)

SCÈNE X

JEANNINE, JULIE, *puis* GEORGES.

JEANNINE, *à Julie qui entre.*

M. Brochard ?

JULIE

Non, madame. C'est le mari de madame qui revient et qui insiste pour...

JEANNINE

Très bien. Je vais le recevoir. (*Julie introduit Georges et sort.*)

JEANNINE, *à Georges.*

Déjà ?

GEORGES

Oui. Je viens de chez l'huissier.

JEANNINE

Lequel ?

GEORGES

Celui de maman.

JEANNINE

Ah ! bien.

GEORGES

Les choses peuvent encore s'arranger.

JEANNINE

J'en suis bien contente.

GEORGES

Il suffit que je paie les frais et que je verse un acompte.

JEANNINE

De sorte qu'il ne te faut plus?...

GEORGES

Que 25 louis.

JEANNINE

Avec 25 louis, ta mère est ôtée d'embarras?

GEORGES

Pour le moment, oui.

JEANNINE

Eh bien, mon ami, j'ai la satisfaction de t'annoncer que je viens de payer le repos de ta mère beaucoup moins cher que cela.

GEORGES

Non!

JEANNINE

Non? Tu vas voir. (*Elle sonne. A Julie.*) Priez madame d'Ambroville de venir.

GEORGES

Il n'est peut-être pas convenable...

JEANNINE

Qu'elle te trouve ici? Pourquoi?

GEORGES

Dame!...

JEANNINE

Tu ne vas pas me refuser la joie d'un petit tableau de famille que je n'ai pas eu sous les yeux depuis cinq ans et que je ne reverrai pas de sitôt, c'est probable.

GEORGES

Écoute, Jeannine... Si tu as obligé maman, c'est bien de ta part, c'est très bien... Mais tu peux me rendre à moi personnellement... un grand service... Prête-moi dix louis... ou bien je n'ai plus qu'à me faire sauter le caisson.

JEANNINE

Comme si c'était quand un caisson est vide qu'on le fait sauter.

SCÈNE II

LES MÊMES, MADAME D'AMBROVILLE.

MADAME D'AMBROVILLE

Toi, Georges, ici ?

GEORGES

Je passais... J'avais un renseignement à demander à Jeannine; elle m'a dit que tu étais là. Nous partirons ensemble.

MADAME D'AMBROVILLE

Est-ce drôle tout de même qu'il me faille venir ici pour te voir ?

GEORGES

J'ai tant d'occupations !

MADAME D'AMBROVILLE

Je le sais, mon enfant. Ne prends pas mon observation pour un reproche. (*Coup de sonnette.*) Nous ne vous dérangerons pas plus longtemps, Jeannine. Encore merci et au revoir.

JEANNINE

Mais vous ne me dérangez pas. Il est bien inutile, au contraire, que votre départ ait l'air d'une fuite. (*A Julie, au fond.*) Faites entrer, Julie. (*Julie sort.*)

SCÈNE XII

Les Mêmes, BROCHARD, *puis* COLETTE.

BROCHARD, *entrant, sans voir les d'Ambroville.*

Comment, encore là ? Vous n'êtes donc pas sortie ?

JEANNINE

Mais non... des visites... (*Présentant.*) La grand'-mère et le père de Colette... Monsieur Brochard (*Salutations.*)

BROCHARD

Est-ce que notre promenade ?...

JEANNINE

Tient toujours ? Mais oui. Vous avez le temps de la faire avant déjeuner. Voici Colette.

COLETTE

(*Elle entre gaiement, fait un mouvement vers M. Brochard, aperçoit Georges, s'arrête, hésite, regarde sa mère et se dirige enfin, sans entrain, vers son père.*) Bonjour, mon père. (*Elle lui tend son front. Il l'embrasse.*)

JEANNINE

Vous l'excusez... On l'attend. Va, ma chérie, et sois bien sage. (*Colette s'élance vers Brochard; Jeannine les accompagne tous les deux jusqu'à la porte.*)

GEORGES, *à sa mère.*

Eh bien! qu'est-ce que tu dis de ça?

MADAME D'AMBROVILLE

Je dis... que chacun prend sa famille où il la trouve et que la véritable n'est pas toujours celle qu'on pense.

RIDEAU

ÉMILE COLIN, IMPRIMERIE DE LAGNY (S.-&-M.)

Imprimerie Générale de Châtillon-sur-Seine. — A. Pichat.

www.ingramcontent.com/pod-product-compliance
Lightning Source LLC
LaVergne TN
LVHW050428160826
845677LV00002BA/605
* 9 7 8 2 3 2 9 6 9 3 6 4 4 *